Aventuras de viaje

El parque nacional
Kruger

Suma repetida

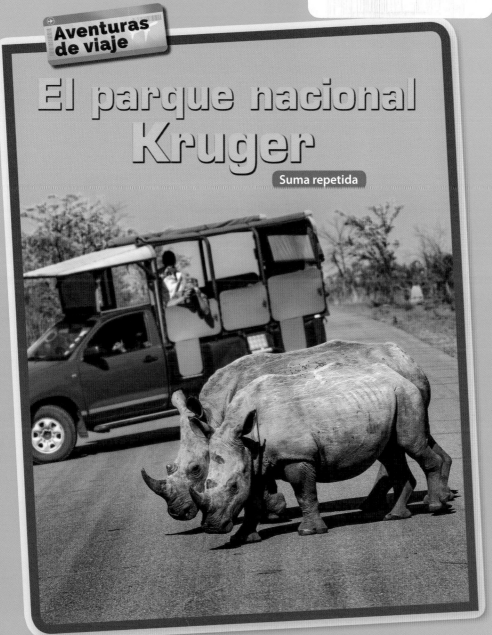

Lisa A. Willman, M.A.Ed.

Asesora

Lorrie McConnell, M.A.
Especialista de capacitación profesional TK–12
Moreno Valley USD, CA

Créditos de publicación

Rachelle Cracchiolo, M.S.Ed., *Editora comercial*
Conni Medina, M.A.Ed., *Gerente editorial*
Dona Herweck Rice, *Realizadora de la serie*
Emily R. Smith, M.A.Ed., *Realizadora de la serie*
Diana Kenney, M.A.Ed., NBCT, *Directora de contenido*
June Kikuchi, *Directora de contenido*
Caroline Gasca, M.S.Ed., *Editora superior*
Stacy Monsman, M.A., *Editora*
Michelle Jovin, M.A., *Editora asociada*
Sam Morales, M.A., *Editor asociado*
Fabiola Sepúlveda, *Diseñadora gráfica*
Jill Malcolm, *Diseñadora gráfica básica*

Créditos de imágenes: págs.7–8 David Callan/iStock; pág.11 (superior) Nick Cottman/Alamy; págs.12, 13 Greatstock/Alamy; todas las demás imágenes de iStock y/o Shutterstock.

Teacher Created Materials

5301 Oceanus Drive
Huntington Beach, CA 92649-1030
www.tcmpub.com

ISBN 978-1-4258-2868-4
© 2019 Teacher Created Materials, Inc.
Printed in China
Nordica.072018.CA21800713

Contenido

A punto de aterrizar

Sam mira por la ventanilla del avión. Llevó horas, pero por fin puede ver Sudáfrica. Se mueve en su asiento y abraza muy fuerte a su elefante de felpa, Ele.

La familia de Sam va al parque nacional Kruger. Hay muchos animales en el parque. Sam quiere verlos a todos. Pero sobre todo, ¡quiere ver elefantes! A Sam le encantan los elefantes. Piensa que puede llegar a ver algunos en su viaje. ¡Sam quiere verlos ya!

Los elefantes vagan por el parque nacional Kruger.

Sam y sus padres van a recoger el automóvil **rentado**. Mientras sus padres conducen, Sam lee. Sam aprende más sobre Sudáfrica. También lee sobre el parque nacional Kruger. El parque no es como un zoológico. No hay jaulas. En cambio, los animales viven en estado salvaje. Sam está emocionada por verlos correr libremente.

Sam y sus padres conducen dentro del parque nacional Kruger.

Sudáfrica

El campamento

Sam termina su libro justo cuando el automóvil se detiene. Mira por la ventanilla y ve un grupo de **chozas**. Levanta a Ele para que vea su nuevo hogar.

"Estas chozas parecen colmenas de abejas", les dice Sam a sus padres. Sam hace zumbidos al bajar del automóvil. ¡No puede creer que vivirá aquí durante los próximos cinco días!

una choza en el parque nacional Kruger

Los padres de Sam tienen un mapa de las chozas.

1. ¿Cuántas filas de chozas hay?

2. ¿Cuántas columnas de chozas hay?

3. ¿Cuántas chozas hay en total?

Sam observa el campamento. Cree que se ve muy hermoso. Junto a su choza hay un río. Sam comienza a imaginar que hay cocodrilos en el agua. Asustada, Sam entra corriendo a la choza.

El interior de la choza es lindo y fresco. Sam mira hacia arriba para ver el ventilador de techo. Empieza a bajar la mirada y vuelve a subirla. ¡El techo es de paja!

Sam observa
el campamento.

techo de paja

¡Hora del safari!

La mañana siguiente, Sam se despierta temprano. Corre hasta la cama de sus padres y los sacude para que se despierten.

"¡Ya es hora de ver los elefantes!", grita Sam. Salta en círculos. ¡Hoy es el día!

Sam se viste y toma a Ele. Pone a Ele en su mochila, pero se asegura de que la cabeza quede afuera. De esa manera, ¡Ele también podrá ver los elefantes!

Este letrero tiene frases en inglés y en tsonga.

Welcome to the Kruger National Park

South African NATIONAL PARKS

PHALABORWA GATE

Its mine its yours ● Xa mina i Xa wena

Taking Pride in our Heritage

Hay muchas maneras de ver animales en el parque nacional Kruger. Puedes caminar, conducir o, incluso, montar a caballo.

Los padres de Sam pagan a alguien para que los conduzca por el parque. De ese modo, pueden tomarse su tiempo y tomar fotos mientras avanzan. Sam sube a su asiento, pero apenas puede quedarse quieta. ¡Está tan emocionada! Sam **extiende** el cuello buscando ver algún elefante.

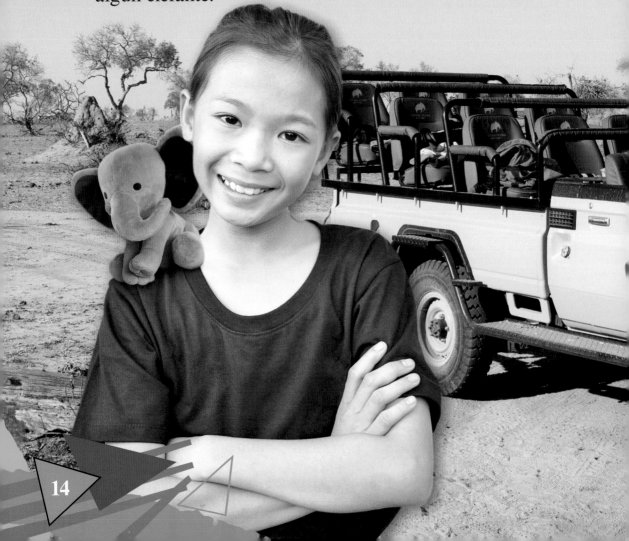

camioneta del safari en el parque

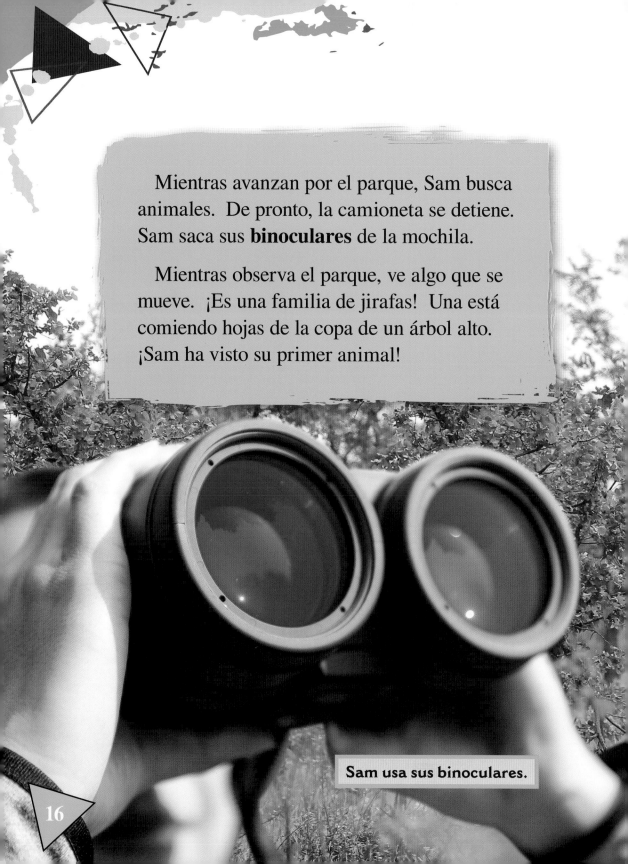

Mientras avanzan por el parque, Sam busca animales. De pronto, la camioneta se detiene. Sam saca sus **binoculares** de la mochila.

Mientras observa el parque, ve algo que se mueve. ¡Es una familia de jirafas! Una está comiendo hojas de la copa de un árbol alto. ¡Sam ha visto su primer animal!

Sam usa sus binoculares.

Más tarde, Sam ve que su mamá mira a lo lejos a la izquierda. Su papá señala algo a la distancia. Al principio, Sam no ve nada. Luego ve algo gris **borroso**.

"Ese es un rinoceronte blanco —les susurra Sam a sus padres—. Se llama rinoceronte blanco, aunque sea gris". El rinoceronte está bebiendo de un **abrevadero**. "No nos puede ver, pero estoy segura de que nos huele", dice Sam.

rinoceronte blanco bebé

rinoceronte blanco adulto

Sam y sus padres ven a un grupo de rinocerontes visitar el abrevadero. Sam cuenta 12 rinocerontes blancos.

1. Usa 12 fichas cuadradas o piezas para representar los rinocerontes. Construye una matriz.

2. Describe la matriz completando la oración: *La matriz tiene _____ filas y _____ columnas. Sé que hay 12 objetos porque _____.*

3. ¿Qué otras matrices se pueden construir con 12 objetos? ¿Cómo lo sabes?

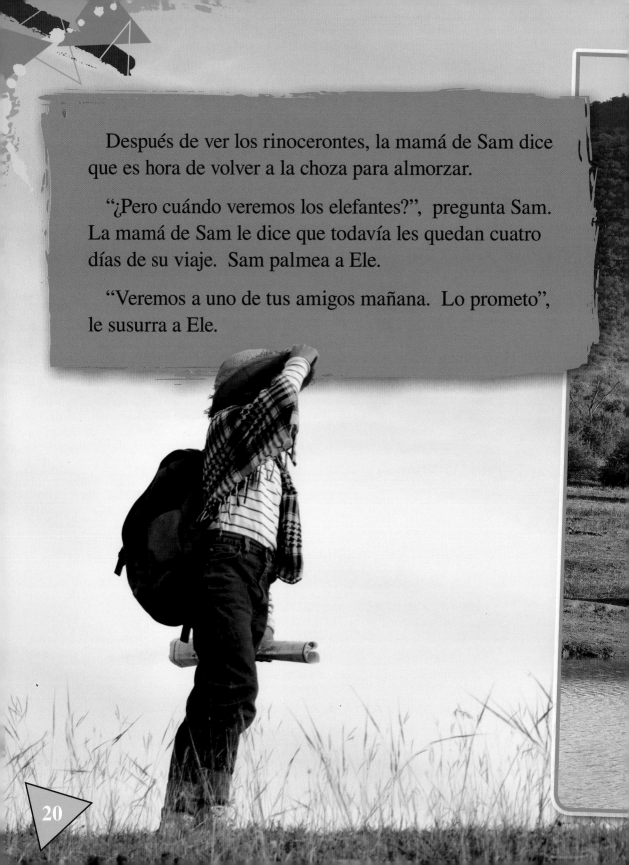

Después de ver los rinocerontes, la mamá de Sam dice que es hora de volver a la choza para almorzar.

"¿Pero cuándo veremos los elefantes?", pregunta Sam. La mamá de Sam le dice que todavía les quedan cuatro días de su viaje. Sam palmea a Ele.

"Veremos a uno de tus amigos mañana. Lo prometo", le susurra a Ele.

Levantarse temprano

Durante los días siguientes, Sam se despierta temprano. Toma a Ele y sale corriendo a encontrarse con el conductor de la camioneta. ¡Sabe que cada día puede ser el día en que verá elefantes!

Sam identifica algunos animales. Un día, escucha una **manada** de leones rugir. Al día siguiente, ve un **rebaño** de búfalos corriendo. También espía a los leopardos durmiendo. Pero todavía no ve ningún elefante.

Un grupo de leones se llama manada.

Sam nota que los búfalos están corriendo en una matriz de 5 filas y 3 columnas. Usa papel cuadriculado para dibujar la matriz. ¿Cuántos búfalos hay? ¿Cómo lo sabes?

búfalo africano

¿Qué es ese sonido?

Al quinto día, Sam se despierta sin ganas. Esta vez no salta de la cama. Se siente **decepcionada**. Es su último día, ¡y todavía no ha visto ni un solo elefante!

Escucha que su papá la llama. Sam camina despacio hasta la puerta de entrada. Al acercarse, escucha el sonido que había estado esperando toda la semana. ¡Suena como una trompeta!

Sam abre la puerta con fuerza y lo ve. ¡Hay un elefante a la distancia! Y no hay solo un elefante. ¡Es toda una manada! Sam toma a Ele y la mantiene en alto. "¡Mira! —grita Sam—. ¡Es tu familia!".

Sam y sus padres observan la manada de elefantes antes de partir. Incluso, Sam toma fotos de la manada para colgarlas en su habitación. Camino a casa, Sam no puede dejar de hablar sobre los elefantes. Piensa que es el mejor viaje de todos. ¡Sam espera que puedan volver algún día!

Una manada de elefantes juega en un abrevadero.

Sam observó con atención la manada de elefantes. Ahora, observa con atención esta matriz.

1. ¿Cuántos elefantes hay? ¿Cómo lo sabes?

2. ¿Qué expresiones muestran la cantidad total de elefantes?

A. 5 + 4

B. 4 + 4 + 4 + 4

C. 5 + 5 + 5 + 5

D. 5 + 4 + 5 + 4

E. 4 + 4 + 4 + 4 + 4

F. 5 + 5 + 5 + 5 + 5

🔧 Resolución de problemas

Sam ve un grupo de jabalíes de río en el parque nacional Kruger. Desea recordarlos. Así que, al llegar a casa, decide hacer una página con jabalíes de río en su álbum de recortes. Quiere describir de diferentes maneras la cantidad de jabalíes de río que había en el grupo. Ayuda a Sam a completar la página de su álbum respondiendo las preguntas.

1. Sam ve 18 jabalíes de río en el viaje. Usa 18 fichas cuadradas o piezas para representar los jabalíes de río. Construye todas las matrices de 18 posibles.

2. Dibuja todas las matrices en papel cuadriculado.

3. Escribe una ecuación usando la suma repetida para describir cada matriz.

jabalí de río

Glosario

abrevadero: un pequeño arroyo o lago donde beben los animales

binoculares: un dispositivo que se usa para ver las cosas

borroso: que no está claro

chozas: pequeñas casas o construcciones sencillas

decepcionada: triste porque algo no sucedió

extiende: estira para ver mejor algo

manada: un grupo de ciertos animales que viven juntos, como leones

rebaño: un grupo de ciertos animales que viven juntos, como búfalos

rentado: algo que puede usarse a cambio de un pago